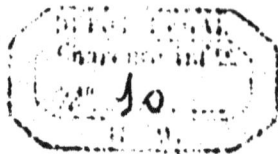

E. MERTZ

BANQUIER

MEMBRE DE L'UNION DES BANQUIERS DES DÉPARTEMENTS

DU RECOUVREMENT

DES EFFETS DE COMMERCE

PAR LES HUISSIERS

A propos de la Circulaire de M. le Garde des Sceaux
en date du 23 janvier 1902.

LA ROCHELLE

IMPRIMERIE NOUVELLE NOEL TEXIER

29, RUE DES SAINTES-CLAIRES, 29

1902

DU RECOUVREMENT

DES EFFETS DE COMMERCE

PAR LES HUISSIERS

E. MERTZ

BANQUIER

MEMBRE DE L'UNION DES BANQUIERS DES DÉPARTEMENTS

DU RECOUVREMENT

DES EFFETS DE COMMERCE

PAR LES HUISSIERS

A propos de la Circulaire de M. le Garde des Sceaux en date du 23 janvier 1902.

LA ROCHELLE

IMPRIMERIE NOUVELLE NOEL TEXIER

29, RUE DES SAINTES-CLAIRES, 29

1902

DU RECOUVREMENT DES EFFETS DE COMMERCE

PAR LES HUISSIERS

—————

Le commerce en général a-t-il intérêt au maintien de la tolérance, qui, jusqu'à ce jour, a permis aux huissiers de s'occuper, au moins dans les petites localités et les campagnes, du recouvrement des effets de commerce ?

Nous ne craignons pas de répondre par l'affirmative, car les raisons abondent en notre faveur, et l'historique de la question va nous montrer que les pouvoirs publics ont toujours reculé, après examen, devant une interdiction qui aurait de terribles conséquences pour le monde des affaires, pour cette partie de la population qui contribue dans une si large mesure à l'alimentation d'un budget toujours grossissant.

Le 20 juin 1882, M. le Garde des sceaux adressait aux procureurs généraux la circulaire suivante :

Par une circulaire du 2 janvier dernier, mon prédécesseur a fait connaître par votre intermédiaire aux huissiers qu'ils devraient, à partir du 1er juillet 1882, s'abstenir de présenter les effets de commerce, et de se charger de leur encaissement.

Bien que mitigée par ce délai de tolérance, cette prohibition a néanmoins donné lieu, *de la part des représentants du commerce et de l'industrie*, à de nombreuses protestations.

L'examen des pétitions qui m'ont été adressées m'a conduit à penser que, malgré les abus nombreux auxquels a donné lieu l'intervention des huissiers pour des actes étrangers d'ailleurs à leur ministère, des motifs sérieux s'opposaient à ce qu'une interdiction absolue fût dès à présent édictée.

Le concours des huissiers semble encore utile au commerce pour la présentation des traites souscrites par des débiteurs qui résident *dans des localités éloignées et dépourvues en général d'institutions de crédit*.

J'ai, en conséquence, modifiant sur ce point les instructions de mon prédécesseur, décidé que l'encaissement par les huissiers des effets *protestables* continuerait d'être toléré *dans des localités autres que les villes chefs-lieux de département et d'arrondissement ou qui sont le siège d'un tribunal de commerce*.

Dans les villes, à raison même de leur importance et des ressources qu'elles présentent, l'encaissement des effets de commerce sera aisément assuré ; les huissiers devront donc à l'avenir *s'abstenir scrupuleusement d'y procéder aux recouvrements*.

Toutefois, en maintenant *pour les campagnes* les facilités jusqu'à ce jour accordées au commerce, je vous prie, monsieur le Procureur général, de veiller avec un soin particulier à ce que cette tolérance ne puisse désormais donner lieu aux abus qui avaient si justement éveillé l'attention de mes prédécesseurs.

Il conviendra de vous assurer notamment qu'en se faisant les préposés d'intérêts particuliers, les huissiers *soient rémunérés dans des conditions équitables du service qui leur est demandé. A défaut de cette rémunération, ils ne peuvent en effet se couvrir de leurs frais de déplacement que par l'émolument attaché aux protêts qui peuvent devenir nécessaires et qu'ils ont alors intérêt à multiplier.*

L'expérience a démontré que certains huissiers avaient dans

ce but recours à des moyens blâmables, soit en se présentant intentionnellement chez le débiteur aux heures où ce dernier devait être absent, soit même en ne présentant l'effet souscrit qu'au lendemain de l'échéance, c'est-à-dire le jour même où leur ministère officiel pouvait être utilisé.

En outre, en se chargeant des encaissements *sans exiger une rémunération suffisante*, les huissiers consentent, au profit des banquiers et dans l'espoir d'obtenir ainsi un véritable monopole, une remise déguisée sur les émoluments que le tarif leur alloue en cas de protêt. De semblables arrangements ont pour résultat de créer, entre les membres d'une même corporation, un moyen déloyal de concurrence, le succès devant revenir non au plus digne et au plus capable, mais à celui qui se montre le plus disposé à souscrire aux conditions souvent onéreuses imposées par les banquiers.

Vous aurez, monsieur le Procureur général, à prescrire, le cas échéant, des poursuites disciplinaires contre les officiers ministériels qui, ayant accepté le mandat d'effectuer les recouvrements, priveraient par des moyens plus ou moins déguisés les débiteurs du double avertissement que leur assurent les articles 161 et 162 du code de commerce. Il en devra être de même contre ceux qui, par des procédés déloyaux de concurrence, manqueraient à la dignité de leurs devoirs professionnels et porteraient préjudice aux légitimes intérêts de leurs confrères.

Vous trouverez ci-joint des exemplaires de cette circulaire en nombre suffisant pour chacun de vos substituts. Ces magistrats devront immédiatement communiquer ces instructions au syndic des huissiers de leur arrondissement.

Recevez, etc.

Le Garde des sceaux, ministre de la justice et des cultes.
Signé : GUSTAVE HUMBERT.

M. le Garde des sceaux signale dans cette circulaire de bien graves abus. Beaucoup d'huissiers à cette époque encaissaient en effet le papier de commerce moyennant la rétribution dérisoire de o fr. o5 par cent francs ! Un certain nombre l'encaissaient, paraît-il, *gratuitement !* Dans ces conditions leurs frais de déplacement étaient supportés par les débiteurs. Les huissiers en question multipliaient à dessein les protêts et forçaient leurs notes de frais dans des proportions inadmissibles.

Et pourtant la circulaire conclut au maintien de la tolérance, tant cette tolérance s'impose.

Disons en passant que depuis cette époque, et principalement dans ces dernières années, le remède indiqué par la circulaire elle-même a été appliqué en beaucoup d'endroits. On s'est attaché à obliger les huissiers à prendre la *rémunération convenable* des services qu'ils rendent.

Dans beaucoup de villes les syndics ont réuni leurs confrères de la campagne, et il a été établi un tarif d'encaissement. Ce tarif est en général de o fr. 15 par cent francs pour les localités habitées par les huissiers, et de o fr. 20 à o fr. 25 pour les écarts. Dans ces conditions l'huissier est indemnisé de sa peine et de son déplacement, et il n'a plus de motif de se livrer à aucun abus. Ce tarif n'est pas lourd pour le commerce, et tout le monde y trouve son compte. .

Il suffirait en somme de généraliser cette mesure, en sévissant contre les huissiers qui chercheraient à s'y soustraire, et d'y ajouter l'interdiction pour les huissiers *de faire des encaissements en dehors de leur canton,* car certains agissent ainsi et prennent alors des frais de voyage énormes.

En 1897 la question est agitée de nouveau. Le 23 février, M. le Ministre du commerce, des postes et télégraphes adresse aux présidents des chambres de commerce la circulaire suivante :

Par une circulaire en date du 21 février 1896, mon département, suivant le désir exprimé par M. le Ministre de la justice, a consulté les chambres de commerce sur les avantages et les inconvénients qui peuvent résulter du recouvrement des effets de commerce par les huissiers, afin de permettre à l'administration d'apprécier s'il convenait de maintenir ou de supprimer la tolérance accordée à ces officiers ministériels pour les opérations de cette espèce.

M. le Garde des sceaux, à qui j'ai communiqué les délibérations qui m'ont été adressées sur cette question, m'a fait connaître que, conformément aux conclusions émises *par la grande majorité* des chambres de commerce en faveur du maintien des dispositions de la circulaire de son département du 20 juin 1882, rappelée dans la circulaire ministérielle précitée du 21 février 1896, *il estime qu'il y a lieu de maintenir la tolérance actuelle.*

Je vous serai obligé de porter cette décision à la connaissance de votre compagnie.

Recevez, etc.

Le Ministre du commerce, des postes et télégraphes,
Signé : H. BOUCHER.

Ainsi cette fois encore, et sur les instantes réclamations des membres les plus autorisés du commerce et de l'industrie, les pouvoirs publics ont reculé devant une interdiction dont les funestes conséquences apparaissaient clairement à tous.

Aussi la surprise a-t-elle été grande dans le monde des affaires, lorsque, le 23 janvier dernier, parut la circulaire ci-dessous adressée aux procureurs généraux par M. le Garde des sceaux :

Par une circulaire du 2 janvier 1882, un de mes prédécesseurs, frappé des inconvénients que présentait le recouvrement des

effets de commerce par les huissiers, avait prescrit que la tolérance dont ces officiers ministériels avaient joui jusqu'alors en
cette matière prendrait fin le 1er juillet suivant. A partir de
cette date, les huissiers devaient s'abstenir de présenter des effets
de commerce et de se charger de leur recouvrement, sous peine
de poursuites disciplinaires. Cette mesure ayant donné lieu
à des protestations de la part des commerçants et industriels,
une seconde circulaire en date du 20 juin 1882 en limite les
effets aux villes, chefs-lieux de département et d'arrondissement,
ou qui sont le siège d'un tribunal de commerce. Dans toutes les
autres localités, l'encaissement par les huissiers des effets protestables continua à être toléré dans la pensée que, grâce aux
mesures de précaution qui étaient édictées, les abus précédem-
ment signalés ne se renouvelleraient pas.

Depuis lors, non seulement les prescriptions de cette dernière
circulaire n'ont pas toujours été observées, en ce qui concerne
la limitation de la tolérance consentie, mais encore le recouvrement des effets de commerce par les huissiers dans les localités
où il était autorisé, n'a cessé de donner lieu à diverses réclamations, à propos desquelles ma chancellerie a dû fréquemment
intervenir. Les enquêtes auxquelles il a été procédé ont permis
de constater que trop souvent, malgré les termes formels des
instructions sus visées, aucune rétribution n'était allouée pour
l'encaissement des effets. Cette pratique, lorsqu'elle n'est pas
suivie par tous les huissiers d'un même arrondissement, cons-
titue, de la part de ceux qui s'y livrent, un acte de concurrence
déloyale à l'égard de leurs confrères. Elle a, dans tous les cas,
l'inconvénient d'exposer ces officiers ministériels à de fâcheuses
suspicions de la part des intéressés, qui les accusent de multiplier les protêts, par des moyens irréguliers, en vue de se couvrir de leurs frais de déplacement. Il a paru certain, à un autre
point de vue, que les intérêts mêmes des huissiers ne pouvaient

que se trouver compromis par la mission qui leur est ainsi confiée et qui est d'ailleurs contraire à la règle posée par l'article 39 du décret du 14 juin 1813.

En effet, quand une rétribution leur est allouée, elle est si minime qu'elle ne peut compenser la lourde responsabilité qu'ils encourent du fait de l'encaissement et du transport de sommes souvent importantes. Il y a lieu de remarquer enfin que, depuis 1882, le nombre des agences des institutions de crédit s'est multiplié. D'autre part, la loi du 17 juillet 1880 et le décret du 15 février 1881, autorisant l'administration des postes à recouvrer les effets susceptibles ou non d'être protestés, sont, depuis longtemps, entrés dans la pratique commerciale. Le concours des huissiers ne présente donc plus la même utilité que par le passé ; on peut affirmer que la tolérance dont ils jouissaient a cessé d'être indispensable, et j'ai décidé de la supprimer. En conséquence, les huissiers devront, à partir du 1er mars prochain, refuser de se charger des encaissements, et vous ne devrez pas hésiter à prescrire des poursuites disciplinaires contre ceux de ces officiers ministériels qui enfreindraient cette interdiction. Je vous prie de vouloir bien m'accuser réception de la présente circulaire dont je vous adresse un nombre d'exemplaires suffisant pour chacun de vos substituts, qui en feront connaître sans retard le contenu au syndic des huissiers de leur arrondissement.

Recevez, etc.

Le Garde des sceaux, Ministre de la justice,
Signé : Monis.

L'émotion provoquée par cette circulaire a dépassé de beaucoup l'émoi causé par ses devancières. Preuve, contrairement à ce que pense M. le Garde des sceaux, que, plus on avance dans le temps, plus le concours des huissiers en cette matière est

indispensable. Nous avons marché depuis 1813 ! Les campagnes
alors ne payaient aucune traite. Il y a vingt ans elles en payaient
beaucoup. Aujourd'hui les traites sont de pratique courante dans
toutes les transactions. Les recettes du timbre en feront foi, et
l'Etat n'a pas à s'en plaindre.

M. le Garde des sceaux a bien voulu suspendre l'application
de la mesure qu'il venait de prendre. Mais cette épée de Damo-
clès n'en reste pas moins suspendue sur la tête des intéressés,
qui sont légion.

Voici ce que, pour notre part, nous répondrons aux alléga-
tions de la circulaire du 23 janvier 1902.

Trouve-t-on, même aujourd'hui, beaucoup de chefs-lieux de
canton pourvus d'agences d'institutions de crédit, et en admettant
leur existence dans certains, ces agences ont-elles le moyen
d'encaisser par elles-mêmes les effets sur les communes du canton ? Il faut de toute nécessité un agent d'encaissement ayant
cheval et voiture pour parcourir les campagnes, doublé, le plus
souvent, d'un employé qui le seconde. Ils sont rares les particuliers qui se chargent d'assurer un pareil service. Pour notre part
nous n'en connaissons que deux, dont l'un est même obligé
d'avoir deux voitures. Partout ailleurs il faut recourir aux
huissiers qui se trouvent tout outillés pour ce travail.

Faire encaisser par la poste ? On emploie cette dernière quand
on ne peut faire autrement. Loin d'être entrés, comme on le dit,
dans la pratique commerciale, les encaissements par la poste ne
forment qu'une infime partie de ce qui s'encaisse en France.
Voici pourquoi :

Premièrement le tarif de la poste pour les encaissements est
exorbitant, et le commerce supportera difficilement cet accroissement de charges, accroissement énorme vu la quantité d'effets à
recouvrer dans l'espace d'une année.

La poste commence par percevoir un droit fixe de 0.25 par

envoi; puis 0.10 par vingt francs jusqu'à un maximum de 0.50;
puis un droit de transmission de 1 o/o jusqu'à 50 francs et de
1/2 o/o sur le surplus de la somme. Un effet de 50 francs paiera
donc :

Droit fixe		0.25
Remise 0.10 par 20 fr. . . .		0.30
Droit de 1 o/o		0.50
		1.05

Un effet de 100 francs :

Droit fixe		0.25
Remise 0.10 par 20 fr. . . .		0.50
Et 1/2 o/o sur le surplus . . .		0.75
		1.50

Remarquons que les effets de 100 francs et au-dessous sont
de beaucoup les plus, nombreux quand il s'agit des débiteurs de la
campagne.

Nous voilà loin des tarifs pratiqués en banque! Pour des effets
de cette nature, le banquier, qui paie à l'huissier de 0.15 à 0.25
par cent francs, prend à son client de 0.25 à 0.50. Le minimum
des changes en banque étant calculé sur 100 francs, les effets de
50 et de 100 francs cités plus haut paieront chacun de 0.25 à
0.50, selon les localités, au lieu de 1.05 et de 1.50. Inutile d'in-
sister sur ce point.

En second lieu, la responsabilité de la poste est limitée à 50 fr.
si l'effet s'égare.

La poste refuse de se charger des effets dont la valeur dépasse
2.000 francs. Or il s'en trouve parfois.

Enfin, pour faire présenter des effets protestables, il y a obli-
gation de remplir des formalités de consignation incompatibles
avec la célérité et les facilités nécessaires au commerce, en sorte
que la remise d'un effet à l'administration des postes non seulement coûte fort cher, mais encore *diminue l'étendue des droits du*

signataire vis-à-vis du porteur, sans modifier l'étendue des obligations qui pourront lui incomber à lui-même vis-à-vis des autres obligés. (Chambre de commerce de Clermont-Ferrand, 24 février 1902).

Il en résulte que la poste n'est jamais employée que faute de mieux.

Mais il y a plus. Si l'État prétend obliger le commerce à employer la poste pour le service des encaissements, il faut qu'il réfléchisse auparavant à ce qu'une pareille exigence, si onéreuse pour le monde qui travaille et produit, *lui coûtera à lui-même.*

Comme nous l'avons dit plus haut, depuis quelques années le nombre des effets créés sur les chefs-lieux de canton et les villages est devenu *considérable.* Nous pourrions citer des cantons sur lesquels il est encaissé par mois *cent mille francs et plus,* représentant, à cinquante francs par effet en moyenne, *deux mille traites.* Les échéances des 15 et fin de mois forment les huit dixièmes du total.

Étant données les formalités et les écritures qu'exigent les règlements de la poste, il faudra *augmenter de moitié* le nombre des employés dans les bureaux.

Et le facteur rural, le piéton ! Comment finira-t-il sa journée quand il partira le matin avec 150 ou 200 traites à encaisser et qu'il lui faudra rapporter 8.000 ou 10.000 francs, dont la moitié au moins en pièces d'argent et pas mal de monnaie de billon ? Lui donnerez-vous une voiture ? Si vous ne la lui donnez pas, il faudra réduire sa tournée, partant *augmenter le nombre de ces agents.* Nous passons sous silence les innombrables erreurs qu'il ne manquerait point de commettre. Il faut une grande habitude pour diriger un semblable mouvement de fonds sans se tromper. Les facteurs ruraux seraient-ils en mesure de rembourser les erreurs dépassant quelques francs ? Et s'ils ne sont pas responsables, qui supportera la perte ? Et qui protégera contre les attaques à prévoir un jour de grosse échéance cet homme qui rentre à pied chez lui, chargé le plus souvent d'un poids fort lourd de métal et presque sûrement attardé, surtout l'hiver, par le formidable travail de tous ces encaissements?

L'huissier en voiture, et le plus souvent accompagné d'un clerc, ne court pas les mêmes risques.

Nous ne craignons donc pas d'affirmer que la mesure prise par M. le Garde des sceaux, si elle devait être appliquée, causerait le plus grave préjudice au commerce, ne rapporterait pas un centime au trésor, et peut-être même lui coûterait quelque chose.

Elle aurait aussi pour effet d'abaisser brusquement la valeur des charges d'huissier en leur enlevant une source de profits très appréciables. Et elle frapperait précisément les huissiers les plus honnêtes, les plus capables, ceux à qui les banques croient devoir remettre le soin de leurs intérêts.

Cela, parce que certains huissiers peu scrupuleux manquent à leurs devoirs! Est-ce juste?

Le remède? Nous l'avons déjà indiqué.

Que les parquets et les chambres de discipline obligent partout les huissiers à prendre la *rémunération convenable* de leurs services, indiquée dans la circulaire du 20 juin 1882 citée plus haut, rémunération qui varie selon les cas de 0,15 à 0,25 par cent francs; tarif suffisant pour payer l'huissier de sa peine et qui ne grève pas le commerce d'une lourde charge, à une heure où les affaires sont si difficiles, les bénéfices si réduits.

Que des mesures très sévères soient prises contre ceux qui se livreraient à des abus envers les débiteurs, signe certain qu'ils n'observent pas le tarif et travaillent à des prix inférieurs.

Que l'on interdise aux huissiers d'encaisser en dehors de leur canton, afin de ménager les frais de voyage. Ou encore, qu'il soit décidé qu'il ne sera pas tenu compte à un huissier de ses frais de déplacement lorsqu'il protestera un effet payable dans le canton d'un confrère. Ce moyen serait peut-être le meilleur.

M. le Garde des sceaux peut être certain que le monde des affaires tout entier lui sera profondément reconnaissant d'agir en ce sens, sans parler du personnel des postes qui se passera volontiers d'un surcroit de besogne absolument écrasant et dangereux.

17 avril 1902.

www.ingramcontent.com/pod-product-compliance
Lightning Source LLC
Chambersburg PA
CBHW050447210326
41520CB00019B/6110